MW00737194

# Habilidades
## básicas
## para las
## ventas

## Les Giblin

**Habilidades básicas para las ventas**
por Les Giblin

Copyright © 2015 Editorial RENUEVO
Derechos reservados

Ninguna parte de esta publicación puede ser reproducida, almacenada en un sistema de recuperación o transmitida en cualquier forma o por cualquier medio – sea electrónico, mecánico, digital, fotocopiado, grabado o cualquier otro – sin la previa autorización escrita de Editorial RENUEVO.

ISBN: 978-1-942991-15-1

Publicado por
Editorial RENUEVO

www.EditorialRenuevo.com
info@EditorialRenuevo.com

# Contenido

# ¿De qué se tratan las ventas?

«*La profesión de las ventas* es también un arte; el perfeccionamiento de la técnica de ventas requiere estudio y práctica.»

# Todo acerca de ventas

**«El éxito es tomado por el hombre que está listo para *su llegada*.»**

# Prólogo

«En los años sesenta yo escribí un libro titulado **Skill With People** (Habilidad en el trato personal). Hasta la fecha, sigue en la lista de los más vendidos – más de 3 millones de copias – y ha sido traducido a más de veinte idiomas. En todos estos años no he hecho ningún cambio, ni revisión a ese libro.»

Estaba escuchando un programa de audio que produje en los años sesenta; un programa que entrenó a miles de individuos, y me ayudó a ganar el titulo de Vendedor Nacional del Año en 1965.

En ambos casos, me di cuenta que una cosa ha permanecido siendo verdad a través del siglo. Cuando se trata de la gente a quienes he enseñado, una verdad fundamental ha permanecido siendo la misma:

## La naturaleza humana nunca cambia.

«Este es un factor principal del porqué mis enseñanzas son tan relevantes en estos tiempos, y tan importantes como lo eran medio siglo atrás.»

-*Les Giblin*

La primera regla de cualquier curso o programa es entender su objetivo, beneficio y método. En este libro, tú estás a punto de aprender lo esencial en cuanto a ventas. Existen grandes ideas e información en el libro que ahora estás leyendo. Pero recuerda – tienes que saber lo que estás haciendo, y porqué lo estás haciendo. El conocimiento por sí solo no tiene ningún valor. Es el uso y la aplicación del conocimiento lo que le da valor.

¿*Cuál* es el objetivo de este libro? ¿De qué se trata? Este libro es un programa que sin duda va a ayudar a incrementar tus habilidades para las ventas. Es para ayudarte a vender más, vender fácilmente y más rápido. Es para incrementar tu conocimiento en cuanto a ventas. Miles de vendedores se han beneficiado de este conocimiento. La información en este libro es el resultado de 30 años en el campo de entrenamiento y en el campo de las ventas.

12

*¿Por qué y cómo* me ayudará este libro a ser mejor vendedor? ¿Qué voy a aprender de este libro?

Antes de contestar esas preguntas, hazte tú mismo las siguientes preguntas. ¿Qué es exactamente lo que quieres de las ventas? ¿Quieres más dinero? ¿Una mejor posición? ¿Reconocimiento y prestigio? ¿Seguridad? Estas preguntas no son tan simples como suenan. Antes de que puedas realmente progresar, tienes que saber a dónde quieres ir. Tienes que saber exactamente lo que quieres. Tiene que haber un objetivo definido, para que el progreso pueda ser medido.

Muchos vendedores solamente «quieren salir adelante» o «desean estar mejor» y es esta incertidumbre y falta de objetivos específicos lo que los detiene. Toma una decisión en cuanto a lo que persigues y lo que quieres. De esa manera podrás vencer el problema y sabrás *cómo conseguirlo.*

Este libro no te dará ninguna habilidad secreta. Ni te hará mágicamente un vendedor súper estrella de la noche a la mañana. Eso solamente sucede en las películas. Lo que este libro hará, es mostrarte cómo hacer un mejor trabajo en las ventas. Te va a equipar con las destrezas necesarias de la vida para que *seas un exitoso, vendedor.*

# PENSAR CREATIVAMENTE SOBRE LAS RELACIONES HUMANAS

¿Quiénes son las personas más exitosas a tu alrededor? ¿Quiénes son las personas a tu alrededor que son más felices; quienes disfrutan más de la vida? Échales un vistazo. ¿Son aquellos que son más inteligentes que todos los demás? ¿Son los que tienen «más cerebro»? ¿Son los que tienen mejores habilidades técnicas?

Si te detienes y piensas por un minuto, te vas a dar cuenta que la gente que es más feliz a tu alrededor, los más exitosos, son esos que «tienen éxito» en el trato con la gente.

Todos somos diferentes. Tu idea del éxito quizás sea diferente a la mía. Pero existe un gran factor con el cual todos debemos aprender a lidiar. El común denominador de la felicidad, el éxito y el placer son las demás personas. En el mundo de hoy, simplemente no podemos conseguir ninguna clase de éxito sin tener en cuenta a la demás gente. El doctor, el abogado, el vendedor, el marido y la mujer – entre éstos, los más felices son aquellos que se han convertido en expertos en el trato con las demás personas.

Influenciar a los demás es un arte, no un truco. Y los tiempos cuando conseguías un objetivo forzando a las personas para que te dieran lo que deseabas ya han pasado. El medio más eficaz para conseguir las cosas que quieres de la vida es adquirir la habilidad de tratar con la gente.

Dominar la habilidad de tratar con la gente es similar a sobresalir en cualquier otra habilidad – **tú tienes que entender los principios básicos**. Estos principios te ayudarán a desarrollar las destrezas para tratar con la gente, y esto mejorará cada aspecto de tu vida.

«Si no estás usando tu sonrisa, eres como un hombre que tiene una cuenta con un millón de dólares en el banco, pero no tiene chequera.»

*Habilidades básicas para las ventas*

# Primera parte

## CÓMO VENDERSE A SÍ MISMO

*Habilidades básicas para las ventas*

# Capítulo 1

## Cómo ganar en las ventas

*Habilidades básicas para las ventas*

El propósito de este libro es simple – incrementar tus destrezas y habilidades en las ventas. Independientemente de lo que vendas, las técnicas y métodos que este libro contiene se aplican a ti al 100%. Habrán muchos ejemplos de productos tales como, seguros de vida, inversiones, bienes y raíces, mercadería, bienes de capital, etc. Obviamente no se puede mencionar todos los productos en este libro. Ten en mente que, incluso si el producto o servicio que estás vendiendo no se menciona en este libro, vas a aprender técnicas que funcionan con todos los productos y servicios. Así que este libro es de igual manera para ti. Sigue leyendo.

El vendedor más exitoso dice que, para GANAR EN GRANDE necesitas cinco cosas. La inversión es grande, y solamente tus acciones determinarán tu éxito. Una pequeña mejora en tus habilidades para vender ayudarán de gran manera a tus ganancias anuales. Multiplica esto por el número de años productivos que tienes por delante y te darás cuenta que un pequeño esfuerzo ahora, hará que tengas una cosecha cien veces más en los años que están por venir.

Estas son las **6 autopromesas** básicas que tienes que hacer si realmente quieres GANAR y tener éxito en el arte de las ventas.

## 1.- Trabaja constantemente en lo básico

No existen grandes secretos para ganar con las personas, solamente existen muchos secretos pequeños. Lo básico, cuando se hace de manera rutinaria y consistente, conduce a la excelencia. Toma el ejemplo de los atletas. Aunque ellos ganan en el juego, siguen practicando una y otra vez.

Incluso después de muchos años de experiencia en futbol americano en la segundaria y en la universidad, ¿qué sigue practicando el jugador de futbol americano? El practica el bloqueo y tacleo hasta que los perfecciona.

Esto te debería de decir algo. El camino a la excelencia no es por medio de una estrategia brillante, sino sobresaliendo en las destrezas fundamentales. El asunto no es si sabes lo básico, sino más bien si lo usas.

## 2.- ¡Autocompromiso para GANAR!

No seas ordinario. El mantra secreto del éxito de las personas es muy simple – ellos deciden ganar. Existen muchas otras maneras de decir esto. Algunos expertos dicen que tú tienes que tener el deseo de ganar; otros dicen que tienes que tener una actitud positiva. Mi lema es este – prométete esto, «**yo voy a ganar, en lugar de hacer lo mejor que puedo**». Necesitas hacer el compromiso contigo mismo de que vas a lograr lo que te propones. La técnica de comprometerte contigo mismo es mucho más efectiva que cualquier otra técnica motivacional. ¿Has decidido que vas a ganar en el trato con la gente?

## 3.- Mantén una mentalidad abierta

¿Te has dado cuenta que la gente que es más exitosa, y los que más se divierten en la vida son esos que siempre están trabajando para mejorarse a sí mismos? Es fácil trabajar con estas personas, es fácil enseñarles, y son magníficos oyentes. Ellos siempre están ansiosos de aprender más, de mejorarse a sí mismos y beneficiarse de la experiencia de otros. No te detengas cuando hayas logrado un éxito limitado. Mantén una mentalidad abierta. Sigue aprendiendo. ¿Estás dispuesto a hacer esto?

## 4.- *Sé un profesional en todo el sentido de la palabra*

Tu trabajo, tu apariencia, tu personalidad, todo esto deben ser una cuestión de orgullo, justamente como un conductor de televisión. Las personas profesionales tienen confianza en sí mismas y ese es el sello de calidad de su profesión. Este libro te va a ayudar a entender cómo conseguir ese sello de calidad.

## 5.- *Planea tu tiempo y energía*

En este punto tan simple radica la diferencia entre los triunfadores de alto nivel y aquellos con éxito limitado. Miles de estudios muestran la diferencia entre esos que saben usar su tiempo y esos que no. Los mejores vendedores no solamente venden. Cada movimiento que hacen, cada llamada que hacen, la hacen sobre una base organizada y planeada.

¡Un verdadero vendedor pasa muy poco tiempo haciendo ventas cara-a-cara! Entre viajes, esperas y retrasos, un vendedor corriente obtiene muy pocas horas vendiendo cara-a- cara. Un mejor planeamiento puede incrementar sus ventas hasta un 20 – 30%, lo que automáticamente aumenta su efectividad al vender, y probablemente en las ventas que hace.

Incrementa tu efectividad organizándote de mejor manera.

### 6.- Vende a través de los ojos

Recuerda los ojos y las orejas de la persona cuando estás vendiendo. Las palabras son buenas, pero las imágenes son mejor – pero las dos en junto son lo mejor. 70% de todo el conocimiento que tenemos viene por medio de lo que vemos. La gente compra principalmente por lo que ve. Muchos vendedores fracasan porque no ven eso. Recuerda esto la próxima vez que hagas una venta.

Si has decidido internalizar estos 6 puntos, entonces estás listo para abrir el portón del conocimiento. Continúa leyendo.

*Habilidades básicas para las ventas*

# 1 Minuto de recapitulación

## Cómo GANAR en las ventas

**Puntos de acción para ti:**

1.- Trabaja constantemente en lo básico.

2.- Haz un autocompromiso para ganar.

3.- Mantén una mentalidad abierta.

4.- Sé un profesional en todo el sentido de la palabra.

5.- Planea tu tiempo y energía.

6.- Vende a través de los ojos.

*Habilidades básicas para las ventas*

«No te pongas a ti mismo en alto poniendo a otros abajo. El verdadero progreso en la vida lo determinará tu propio *valor y esfuerzo*.»

*Habilidades básicas para las ventas*

# Capítulo 2

## Cómo venderte a ti mismo

*Habilidades básicas para las ventas*

El propósito de este libro es darte conocimiento basado en el entendimiento de la naturaleza humana. Cuando tienes un conocimiento apropiado de la naturaleza humana y de la gente – cuando sabes porqué la gente hace lo que hace – cuando sabes cómo y porqué la gente va a reaccionar en ciertas condiciones – hasta entonces te vas a convertir en un experto en la interacción y manejo de las personas.

Como todos los vendedores saben, el primer y más importante problema que tienes que enfrentar es, cómo venderte a ti mismo. En el mercado competitivo de hoy, una venta usualmente depende de la habilidad que la persona tiene de venderse a sí misma. Los clientes y las compañías hacen negocios con la gente que les cae bien. Esto es particularmente cierto cuando tu competidor está vendiendo el mismo producto por el mismo precio, o a un mejor precio.

Tener la capacidad de venderse a sí mismo de manera efectiva es el primer requisito para un vendedor exitoso. ¿Así que, qué vas a hacer?

Para tener la habilidad de leer y entender a la gente; primeramente es necesario reconocerlos por lo que son.

Permíteme repetir esto: **Reconocer a las personas por lo que son; no lo que tú piensas que son, o lo que tú quieres que sean.**

¿Qué son? ¿En qué está interesada la gente? ¿Dinero? ¿Placer? ¿Automóviles? ¿Negocios? ¿Política? ¿Libertad? ¿Pasatiempos? ¿Comida? ¿Comodidad? ¿Familia? ¿Golf? ¿Críquet?

Detente por 15 segundos y piensa acerca de la lista de arriba. Casi todo lo que se menciona en la lista es importante para todos. Por lo tanto, no hay una respuesta equivocada. Piensa profundamente – trata de encontrar el común denominador de todo lo que se menciona en la lista de arriba.

Aquí está una respuesta simple e innegable: LA GENTE PRIMERAMENTE ESTÁ INTERESADA EN SÍ MISMA, ANTES QUE EN TI.

La otra persona está interesada en sí misma un millón de veces más que en ti, y viceversa – ¡tú estás más interesado en ti mismo más que en cualquier otra persona en el mundo!

No hay necesidad de sentir vergüenza ni pedir disculpas por esto. Las acciones de los hombres están gobernadas por un interés en sí mismo – así ha sido desde el principio de los tiempos. Todos somos iguales en ese aspecto. Nunca se te olvide – **la persona más importante en el mundo, para la otra persona, es ella misma.**

¿Por qué es esta verdad importante? Como vendedor, tendrás que hablar con muchas personas, todos los días. Cuando hablas con otras personas, escoge el tema que más les interese a ellos en el mundo y habla con ellos de eso.

Así es, cuando le hablas a las personas acerca de sí mismas, ya tienes un pie puesto en la puerta. Estás trabajando con la naturaleza humana.

Cuando hables con las personas, quita estas cuatro palabras de tu boca: «**yo, mío, mí, yo mismo**».

Mejor usa dos palabras muy eficaces: «Tú y tuyo».

Para mostrarte qué tan efectiva y poderosa es la palabra «tú». Lee las siguientes oraciones:

«Esta regla es para ti. Tú te beneficiarás. Tu familia se beneficiará. Poner en práctica todos los consejos que este libro contiene te va a beneficiar.»

Ahora ya sabes que la gente siempre está interesada en sí misma. Así que habla con la gente de ellos mismo. Te quedarás asombrado de cómo la gente va a pensar que eres una persona muy interesante si hablas de ellos mismos. Y diviértete mientras lo haces. La próxima vez que hables a las personas de sí mismas, obsérvalas. Date cuenta de cómo se inclinan hacia ti, observa cómo sus rostros se iluminan con frecuencia. Le caerás bien a la gente cuando le hables de esta manera. Es aquí donde las palabras «tú» y «tuyo» son útiles.

Si todavía no estás convencido, haz un  pequeño experimento en los siguientes 1 ó 2 días. Escuchas las conversaciones a tu alrededor y analízalas. Vas a descubrir que las personas hablan mayormente de sí mismas.

Seamos claros – no estamos criticando que las

personas sean ensimismadas. Que la mayoría de las personas están ocupadas con lo que está pasando en sus vidas es simplemente una observación. Es un hecho de la naturaleza humana; y los vendedores expertos usan este conocimiento de una manera inteligente. Ellos consiguen que las personas hablen de sí mismas. Esto se hace pidiéndoles su opinión o conversando. «¿Por ejemplo, tal vez alguien te pregunte, «Qué piensas de fulano - mengano?" «¿Cómo te llevas con fulano?» «¿Qué tal las cosas en tu departamento?» «¿Disfrutaste de tus vacaciones?»

Uno de los mejores ejemplos de esta regla sucedió en Baton Rouge, Luisiana, USA. En un seminario de ventas para los ejecutivos de ventas Baton Rouge, me dieron una tarjeta de presentación con un mensaje escrito que decía, «Les, tú no sabes lo mucho que me has ayudado. Gracias, Don». La tarjeta de presentación mostraba que Don trabajaba con Equitable Life New York, una compañía de seguros. Yo tenía curiosidad, y pronto supe su historia.

Don le acababa de vender una póliza a un hombre, por la cantidad de medio millón de dólares americanos. Este hombre le dijo claramente a Don que le disgustaban los doctores, y que no quería desperdiciar tiempo extra en las clínicas para sus exámenes médicos rutinarios. Don y la compañía de seguro, Equitable Life entendieron e hicieron arreglos para que el doctor pudiera darles una solución, y de esa manera su cliente pudiera tener una consulta privada.

La cita fue programada para las 10 am. Justamente cuando Don y su cliente entraron a la clínica había una conmoción. Un hombre gravemente herido, sangrando profusamente, entró a la clínica del doctor. Este hombre se había cortado una arteria, y aunque no tenía cita entró a la clínica apresuradamente pidiendo ayuda y fue atendido antes que los demás.

Como es de esperarse, el doctor atendió la emergencia, mientras que Don y su cliente esperaron afuera. Don me dijo después, «Les, en ese momento casi entré en pánico. La UNICA cosa que este cliente especificó fue que no quería retrasos en la clínica. En ese momento recordé tu regla y comencé a hablar con el cliente acerca de sí mismo. Yo le pregunté cómo incursionó en esta línea de negocios, cómo se involucró, cuál era su sueño; le pregunté acerca de su familia y sus niños. Eventualmente, el paciente que había llegado de emergencia terminó de ser atendido, y mi cliente entró a la clínica para tener su examen físico de rutina.»

Don resumió en esencia lo que ocurrió. Él dijo: «Probablemente no había nada que yo hubiera podido hacer para que este cliente permaneciera en la clínica del doctor. La única esperanza que yo tenía era mantenerlo interesado en algo más, para que así se olvidara de su disgusto por el retraso. Así que conseguí que se interesara en sí mismo.»

Así que recuerda – trabaja con la naturaleza humana para conseguir que la gente hable de sí misma.

*Habilidades básicas para las ventas*

# 1 Minuto de recapitulación

## Cómo venderte a ti mismo

**Percepción:**

La gente primeramente está interesada en sí misma.

**Puntos de acción para ti:**

1.- Reconoce a la gente por lo que es.

2.- La gente está principalmente interesada en sí misma.

3.- No uses demasiado las palabras, «Yo, mí, mío».

4.- Más bien usa palabras tales como, «Tú, tuyo».

5.- Habla con la gente de lo que ELLOS están más interesados.

6.- Consigue que la gente hable de sí misma. Pregúntales acerca de ellos mismos.

*Habilidades básicas para las ventas*

**«Cree en ti mismo y actúa como si creyeras en ti mismo y otros creerán en ti.»**

*Habilidades básicas para las ventas*

# Capítulo 3

## CÓMO HACER QUE LA GENTE SE SIENTA IMPORTANTE

*Habilidades básicas para las ventas*

Como vendedor, tú estás en un trabajo donde el cliente siempre está primero. En el capítulo 1 y 2, ya hemos aprendido cómo entender y usar la naturaleza humana para tu beneficio. Hemos entendido la importancia de hacer que el cliente sienta que es el centro de atención.

Cada vendedor exitoso te dirá que entre más importante hagas sentir a tu cliente, más te responderá.

Ahora bien, ¿por qué sucede esto?

Respuesta: **Cada persona se quiere sentir importante acerca de sí misma**.

El deseo de ser importante es lo que mueve a las personas – es lo que las impulsa y las motiva. Es el segundo deseo más fuerte en el hombre. (El primer y más fuerte deseo del hombre es su instinto de supervivencia).

Cuando entiendes esto, ganas también otra información valiosa sobre las técnicas de venta: **todos quieren ser tratados como alguien importante, no como alguien que no vale nada.**

¿Cómo puedes tú, como vendedor, usar este conocimiento? Antes que nada, comienza a creer que las demás personas son importantes. Segundo punto importante, deja que el cliente sea el importante, no tú mismo. Quizás esto sea difícil porque cada uno de nosotros «quiere ser el perro más grande del parque».

Pero si estás hablando con la gente, y te estás haciendo el importante, ellos no responderán.

Practica la destreza de hacer que la gente esté de tu lado.

¿Cómo puedes hacer que alguien se sienta importante?

Aquí tienes cuatro pasos fáciles que puedes seguir:

## 1.- Dirígete a la gente por sus nombres, lo más frecuente posible

«El sonido más dulce en el mundo para la gente no es buena música, sino el sonido de sus propios nombres.» Es verdad que a las personas les gusta escuchar sus nombres. Los nombres individualizan a las personas. Un nombre separa a una persona de la muchedumbre, y hace que esa persona se sienta especial. El nombre es una identificación y un identificador.

Date cuenta como un simple saludo suena mejor cuando se incluye el nombre:

| | |
|---|---|
| «Buenos días» | «Buenos días, señor Smith» |
| «Gracias» | «Gracias, señora Gupta» |
| «Fue un placer» | «Fue un verdadero placer, señor Jones» |

Todos nos damos cuenta que los hombres son importantes. Date cuenta como las grandes compañías le dan gafetes e insignias a sus empleados. Un galardón siempre tiene grabado el nombre de la persona que lo ha ganado. El nombre hace que la persona se sienta importante y reconocida. Tú te puedes imaginar lo adulada que la gente se siente cuando la llamas por su nombre; por instinto te ayudarán, y a veces estas personas son factores vitales en la ventas. Consigue que esta gente esté de tu lado – recuerda nombres de secretarias, asistentes, y empleados en general. Asegúrate de conseguir sus nombres. No los confundas unos con otros.

### 2.- Ten la habilidad de escuchar a la gente con atención

Los psicólogos dicen que a nosotros nos caen bien las personas a quienes les caemos bien; y particularmente nos caen bien esos que incrementan las opiniones de nosotros mismos. A la gente le agrada cuando alguien escucha lo que tienen que decir. Eso aumenta su autoopinión.

Y por lógica, no poner atención a lo que alguien está diciendo es una manera segura de perder su interés. Recuerda que escuchar a las personas las hace sentirse importantes.

### 3.- Pausa por un momento antes de contestarle a la gente

Incluso si sabes lo que quieres decir, espera por unos segundos después de que la otra persona ha terminado de hablar. Cuenta lentamente hasta tres mientras esperas.

Cuando haces una pausa antes de contestarle a alguien, le das la impresión de que sus palabras y pensamientos fueron lo suficientemente buenos como para reflexionar en ellos. Haces que esa persona se sienta halagada y reconoces la importancia de lo que acaba de decir. Por otro lado, cuando le contestas inmediatamente, cuando das una respuesta rápidamente aunque no tengas la intención de hacerlo, das la impresión de que estás sacudiéndote sus palabras y ni siquiera te tomaste la molestia de pensar en lo que acaba de decir. Si contestas demasiado rápido, parecerá como si tienes demasiada prisa de dar tu opinión, y quizá parezcas demasiado agresivo.

Es parte de la buena psicología hacer una pausa antes de contestarle a la otra persona. Eso aumenta a su sentimiento de importancia.

**4.- Habla a la gente acerca de sí mismos. Usa «tú» y «tuyo» para hacerlos sentir que tienen toda tu atención**

Como ya has leído en el último capítulo, el uso de las palabras, «tú» y «tuyo» hace que el cliente se sienta como si él es el centro de atención. Consigue que la gente hable de sí misma, conversando con ellos acerca de su vida, sus intereses, su familia, etc.

# 1 Minuto de recapitulación

## Cómo hacer que la gente se sienta importante

**Percepción:**
Todos quieren ser tratados como alguien importante.

**Puntos de acción para ti:**
1.- Dirígete a la gente por su nombre.
2.- Escucha atentamente lo que la gente tiene que decir.
3.- Haz una pequeña pausa antes de contestar; no te apresures a responder.
4.- Habla con la gente acerca de sí mismo.

*Habilidades básicas para las ventas*

«Si quieres tener cierto poder sobre las personas; tú debes aprender a trabajar con la naturaleza humana, en lugar de trabajar en su contra.»

*Habilidades básicas para las ventas*

# Capítulo 4

## EL ARTE DE SER AGRADABLE

*Habilidades básicas para las ventas*

Algunas veces los métodos y técnicas más simples son con frecuencia los más efectivos. El arte de ser agradable es un secreto simple de la amistad personal así como también una súper técnica para la ventas. Aquí tienes cuatro maneras simples de cómo puedes aprender a dominar este arte.

### 1.- Ponte de acuerdo con tus clientes

En efecto, esto suena fácil ¿cierto? No siempre es así. Recuerda este proverbio la próxima vez que estés hablando con un cliente: «cualquier necio puede estar en desacuerdo con la gente. Se necesita un hombre sabio, un hombre astuto, un hombre grandioso, que esté de acuerdo con alguien incluso cuando la otra persona está equivocada».

Sí, incluso cuando tu cliente está equivocado, está

discutiendo, está siendo agresivo – no reacciones de la misma manera. Mantén la calma y concéntrate para estar a favor de la otra persona, no siempre a tu favor. Esta no es simplemente una técnica, es una filosofía de la vida.

## 2.- Comunícale a la gente cuando estás de acuerdo con ellos

Una cosa es estar de acuerdo con alguien; y otra muy diferente comunicarles que tú estás de acuerdo con ellos. Comunícate con la gente; diles que estás de acuerdo con lo que están diciendo. Tú puedes hacer esto simplemente asintiendo con la cabeza y diciéndole a tu cliente, «Tú estás en lo correcto, tú tienes razón. Yo estoy de acuerdo contigo en eso».

Bueno, probablemente estés pensando, «¡Quizá pueda estar de acuerdo algunas veces, pero se me hace imposible ir por la vida diciendo que estoy de acuerdo con todo y con todos!». ¡Tú estás en lo correcto! ¿Qué haces cuando no puede estar de acuerdo con alguien?

## 3.- Cuando no puedas estar de acuerdo con alguien, NO digas en voz alta que no estás de acuerdo, a menos que sea absolutamente necesario

El arte de estar de acuerdo no quiere decir ser hipócrita o ser insincero. Esta técnica tampoco significa que tienes que comprometer tus principios, tu orgullo, o tu amor propio.

Hay muchas situaciones cuando es casi imposible o práctico estar de acuerdo con la otra persona. En ocasiones como esas, haz una pausa por cinco segundos y hazte las siguientes preguntas:

¿Es mi desacuerdo realmente necesario?

¿Mi desacuerdo soluciona algo o resuelve el conflicto?

¿Logra algo para mí o para la otra persona?

Si analizas estas preguntas rápidamente antes de hablar, te darás cuenta que la mayoría de los desacuerdos son completamente innecesarios. Éstos son simplemente un choque de egos.

Esta es una regla fundamental: no estés en desacuerdo con la gente a menos que sea absolutamente necesario.

Si tienes que dar tu punto de vista, trata de deslizarlo en una oración de manera diplomática. Por ejemplo:

«Usted está en lo correcto, señora Griffin, pero yo debo de señalar además que...»

«Yo entiendo cómo se siente, señor Jones. Ahora bien, porque no...»

## 4.- Cuando estés equivocado, admítelo

Una de las más y mejores cualidades de un hombre es su habilidad para admitir sus errores. Todos admiramos a un hombre que puede enfrentar el hecho de estar equivocado. Así que cuando estés equivocado, dilo en voz alta. Que no te asuste ni te avergüence, y ciertamente que no te haga sentir inferior a los demás.

Cuando puedes admitir, «sí, yo cometí un error, yo estaba equivocado», usualmente ganas el respeto y la admiración de los demás. Admitir que estabas equivocado por lo general suele darle fin al asunto.

Cuando la persona niega responsabilidad, o trata de echar la culpa a otros, la discusión (o discusión silenciosa) continúa y continúa. Cuando una persona acepta responsabilidad y admite sus errores, el asunto se termina.

Si aún necesitas desahogarte, piensa en la declaración que hizo el ex presidente de Estados Unidos, Theodore Roosevelt: «Ningún hombre es tan justo como para estar en lo correcto tres de cada cuatro veces».

*Habilidades básicas para las ventas*

# 1 Minuto de recapitulación

## El arte de estar de acuerdo

**Percepción:**
Estar de acuerdo es el secreto de las grandes habilidades en las ventas.

**Puntos de acción para ti:**
1.- Ponte de acuerdo con tus clientes.
2.- Comunícale a las personas cuando estás de acuerdo con ellas.
3.- Cuando no puedas estar de acuerdo con alguien, NO digas en voz alta que estás en desacuerdo, a menos que sea absolutamente necesario.
4.- Admite tus errores cuando estés equivocado.

*Habilidades básicas para las ventas*

**«En cada ser humano hay un anhelo profundo de ser aceptado por otros, y de esa manera se pueda aceptar a sí mismo.»**

*Habilidades básicas para las ventas*

# Capítulo 5

## VÉNDETE A TI MISMO A TRAVÉS DE TU CONDUCTA APROPIADA

*Habilidades básicas para las ventas*

Este capítulo está enfocado en algo que la mayoría de la gente pasa por alto, y raramente lo usan. ¿Cómo te ven tus clientes? Esta es una pregunta importante. ¿Qué clase de imagen tienen tus clientes de ti? La mayoría de los vendedores tienen una buena imagen de sí mismos, y también creen que los clientes tienen la misma imagen de ellos.

Con frecuencia la gente tiene una imagen completamente diferente a la que nosotros tenemos de nosotros mismos. Por un lado, la gente tiende a criticarnos más de lo que nosotros nos criticamos a nosotros mismos. Ellos no están cegados por interés propio, como nosotros lo estamos. Todo lo que conlleva a un punto muy importante:

**TU IMAGEN ES CREADA POR TU PROPIA CONDUCTA. La manera en que te conduces a ti**

**mismo determina la opinión que otras personas tienen de ti.**

La gente te juzga y se forma una opinión de ti basada en la manera en que te conduces. Y con mucha frecuencia, no es una opinión correcta. Así que, ¿cómo puedes mejorar? Enseguida hay unas reglas que se pueden seguir:

*1.- Manéjate a ti mismo apropiadamente, con dignidad. Pon valor en lo que haces*

Siéntete orgulloso de quien eres y de lo que haces. Muestra este orgullo en tus acciones y tus declaraciones. Si tienes que venderte a ti mismo, tienes que mostrar que eres una persona de valor. Cree en ti mismo, manéjate a ti mismo con respeto. No seas arrogante. No te creas superior a los demás. Así como un joyero maneja los diamantes con cuidado, así también lo que tú vendes es una joya de valor. No dejes el mal manejo, o que el mucho conocimiento de algo, robe la magnífica impresión que le puedas dar a un cliente.

Ejemplo: digamos que el señor ABC vende seguros. Alguien le pregunta, «¿Cuál es su profesión señor

ABC?» El señor ABC contesta, «Ah, yo simplemente soy otro vendedor de seguros ambulante». Y eso es exactamente lo que él será para el cliente – simplemente otro colega vendiendo seguros.

Imagina que el señor ABC contesta, «Yo represento a la agencia de seguros XYZ, y estoy involucrado en los negocios de proveer seguridad para la tercera edad, y para la educación de los niños».

Inmediatamente, el señor ABC ha cambiado la impresión que la otra persona tenía de él. El señor ABC parece una persona segura de sí misma a quien le encanta trabajar.

Cuando hables de tu compañía, hazlo con orgullo. Ya sea que trabajes con una empresa pequeña o grande, conviértelo en una oportunidad de venta. El cliente debe irse con la impresión de que tú trabajas en una empresa buena, con personas buenas; una compañía en la que se puede confiar y trata a las personas correctamente.

Para resumir – pon gran valor en ti mismo, y así los clientes pondrán gran valor en ti.

## 2.- Sé una persona que muestra gozo al hablar

Una de las pequeñas cosas que hará que te ganes el cariño de la gente es hablar. Haz de la conversación algo alegre, agradable y jovial. A la gente siempre le agrada esa clase de conversaciones – hay suficientes malas noticias en los periódicos todos los días.

La mayoría de nosotros tiene dudas ocasionales e incertidumbres, y apreciamos cuando éstos de desvanecen. No compartas tus problemas con otras personas – la mayoría de los clientes no están interesados, y ellos tienen sus propios problemas. Así que, crea una atmosfera positiva.

Existe otra gran ventaja de tener una conversación alegre. Tú serás un vendedor más positivo, con una mejor actitud y una mejor actitud hacia la vida.

### 3.- Muestra entusiasmo

Aquí está uno de los activos de más valor en una persona exitosa. El entusiasmo es un asunto de actitud. Tú no puedes entusiasmar a otros a menos que tú mismo estés entusiasmado.

William Shakespeare escribió: «Adopta una virtud

como si la tuvieras ahora». Él sabía que si adoptas una virtud y actúas como si la tuvieras, con frecuencia se convierte en parte de tu carácter. Los vendedores exitosos con frecuencia han comprobado que la manera de incrementar el entusiasmo es actuar con entusiasmo.

## 4.- Sé sincero

Si las personas evaluaran las cualidades que más admiran en los vendedores, lo más probable es que la sinceridad sea la cualidad que encabeza la lista. De todos los rasgos de las personas, la sinceridad es la que más le gusta a la gente.

Pero, ¿qué es sinceridad?

Sinceridad es simplemente creer en lo que haces y lo que dices. Tus clientes se dan cuenta cuando tú crees en lo que dices. Cuando crees en algo con todo tu corazón, se nota. La gente perdona y se olvida de errores grandes – pero ellos no perdonarán la adulación barata, las falsas promesas y la palabrería exagerada y sin ningún sentido. Pregúntate a ti mismo, ¿eres sincero? ¿Qué dirá la gente de tu sinceridad?

## 5.- No seas demasiado ansioso

A veces cuando una venta es muy importante, o la competencia es fuerte, o cuando las cosas no van bien, es fácil estar un poco ansioso. Esto es totalmente comprensible. Pero aquí tienes una advertencia: Trata de no mostrar ansiedad con tu cliente porque éste tratará de conseguir una mejor oferta o tendrá desconfianza. En el momento que sentimos que la otra persona se siente ansiosa, nosotros comenzamos a echarnos para atrás – esta es la naturaleza humana.

## 6.- No hables mal de nada ni de nadie

Una de las mejores técnicas de los vendedores exitosos es que ellos se abstienen de hablar mal de sus competidores. Por supuesto, ellos se comparan – pero lo hacen para enaltecer su producto, NO para degradar el producto de la competencia.

Hay una gran diferencia entre enfatizar tus ventajas y enfatizar las desventajas del competidor. Si no puedes decir nada bueno de alguien, mejor no digas nada. Cuando degradas a alguien más, pones al descubierto tus propias inseguridades y falta de confianza en tu producto.

## 7.- Aprende el arte de «decir gracias»

Es una necesidad básica del ser humano sentirse apreciado, y una de las debilidades básicas de los vendedores es que ellos no usan esta necesidad para su beneficio. Ellos no aprovechan esta gran ventaja que los puede ayudar a construir relaciones con otras personas.

La gratitud y el reconocimiento deberían mostrarse de una manera hábil. No solamente porque es algo bueno, sino porque es una táctica muy buena para tratar con las personas. Hay un arte en decir «gracias» y tú puedes aprender a dominarlo en cinco pasos:

**a.-** Cuando digas gracias a tus clientes, dilo con sinceridad. Sé honesto.

**b.-** Da gracias con claridad y distinción. No balbucees, susurres o murmures. Dilo como si estuvieras contento de decirlo.

**c.-** Mira a tu cliente a los ojos cuando le digas gracias.

Tiene un significado especial cuando lo ves a los ojos y le dices algo sincero. Cualquier persona a quien valga la pena agradecer, vale la pena mirar.

**d.**- Siempre da las gracias a tus clientes por su nombre. Personaliza el agradecimiento. Cuando usas su nombre haces que la otra persona se sienta especial.

**e.**- Sé eficaz al agradecer a tus clientes. Esto quiere decir buscar y esperar oportunidades para mostrar tu agradecimiento. El vendedor común dará gracias por lo que es obvio. El vendedor superior va a dar gracias por lo que no es obvio. Mostrar tu aprecio es una buena estrategia. ¿Muestras aprecio con la frecuencia que deberías hacerlo?

# 1 Minuto de recapitulación

## Véndete a ti mismo por medio de tu conducta apropiada.

**Percepción:**

La manera en que te conduces determina la opinión que la gente tiene de ti.

**Puntos de acción para ti:**

1.- Condúcete a ti mismo con dignidad y valor.

2.- Sé una persona que muestra alegría al hablar.

3.- Muestra entusiasmo.

4.- Sé sincero.

5.- No estés ansioso.

6.- No hables mal de nada ni de nadie.

7.- Aprende el arte de «dar gracias».

a.- Sé sincero cuando agradezcas a tus clientes.

b.- Di gracias con claridad y distinción.

c.- Mira a tus clientes a los ojos cuando les agradezcas.

d.- Siempre agradece a tus clientes por su nombre.

e.- Sé eficaz al agradecer a tus clientes.

«Si la gente evaluara las cualidades del vendedor más admirado, probablemente la sinceridad encabezaría la lista. De todos los rasgos de las personas, el que más gusta es la sinceridad.»

*Habilidades básicas para las ventas*

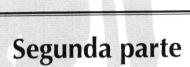

# Segunda parte

## Cómo escuchar

*Habilidades básicas para las ventas*

# Capítulo 1

## CÓMO ESCUCHAR

En los últimos dos capítulos hemos hablado de cómo hablar. Ahora vamos a hablar de cómo escuchar. Se necesita habilidad para ser un buen oyente. Definitivamente hay técnicas sobre cómo escuchar, métodos de qué hacer y cómo hacerlo darán que frutos. Este es un capítulo muy interesante y práctico de este libro.

La habilidad de escuchar es una habilidad social extremadamente importante, y una de las principales destrezas para vender. Harás que tu cliente se sienta mucho más importante si lo escuchas atentamente, honestamente y con paciencia. Y cuando haces que tus clientes se sientan importantes, ellos van a responder de manera positiva. Otro de los beneficios de escuchar es este – entre más escuchas, más aprendes, y **te conviertes en una persona más inteligente.**

En 1959, un hombre llamado Sed Richardson falleció. El vivió en Fort Worth, Texas. Habían dos cosas notables acerca del señor Richardson.

1.- Él dejó atrás una fortuna con un valor de 80 millones de dólares, fortuna que él había ganado por sí solo.

2.- Él era conocido por ser una persona callada. Cuando alguien le preguntaba porqué no hablaba más, al señor Richardson se le ocurrió contestar lo siguiente: «Cuando yo hablo no aprendo».

Entre más escuchas, más te conviertes en una persona informada e inteligente. ¿Pero cómo puedes convertirte en un buen oyente? Existen cinco pasos para aprender esta ciencia:

**1.- Mira a los ojos de la persona con quien estás hablando**

Escucha con tus ojos, así como también con tus oídos. Mira a la persona que te está hablando, mírala todo del tiempo que te esté hablando. ¿Alguna vez has hablado con un hombre que no pone atención cuando le estabas hablando? ¿Alguna vez has hablado con alguien que estaba demasiado ocupado u ocupada y no pudo dejar de ver la pantalla de su computador? ¿O alguna vez has hablado con alguien que nunca te vio a la cara mientras le estabas hablando? Se siente la descortesía, la demolición y el desaliento. También es falta de respeto. Así que aprende a apreciar la importancia de esta regla. Siempre mira a tu cliente cuando éste te esté hablando.

### 2.- Escucha con atención e inclínate ligeramente hacia la persona que te está hablando

Para convencer a las personas de que las estás escuchando, tienes que darles esa impresión. Siempre da la impresión de que estás escuchando con atención lo que se está diciendo. Da la impresión de que no te estás perdiendo de una sola palabra – esto es muy halagador para el hablante.

Recuerda que tu cara es un barómetro de interés, así que asegúrate de parecer interesado en lo que la otra persona tiene que decir. Inclinarse ligeramente hacia el hablante es una gran herramienta psicológica – da la impresión que estás absolutamente absorbido en lo que la otra persona está diciendo. Existe un dicho que dice: «Nos inclinamos hacia el hablante

interesante y nos alejamos del hablante aburrido».
Aprende el buen hábito de inclinarte hacia la persona
con quien estás hablando.

### 3.- Haz preguntas inteligentes

Cuando le preguntas algo a alguien, es una prueba
que has estado escuchando lo que la otra persona está
diciendo. De nuevo, esto es un halago indirecto a la
persona que ha estado hablando – muestra que estás
lo suficientemente interesado en lo que él o ella tiene
que decir.

Desde el punto de vista del hablante, las preguntas son
mejor que los comentarios. Las preguntas tienen un
rango más alto de preferencia en la ciencia de saber
escuchar. La preguntas hacen que la otra persona se
sienta importante. La pregunta puede ser simple: «Ah,
qué pasó después? ¿Cuánto tiempo tomó? ¿Lo harías
de nuevo?». Las preguntas son una manera segura de
informarle a la persona qué tan interesado estás en lo
que él o ella tiene que decir.

### 4.- No interrumpas ni cambies el tema

El error más común que comete una persona es

interrumpir cuando alguien está hablando. Interrumpir a alguien es una falta de consideración, según el punto de vista de la otra persona. Es peor interrumpir a alguien que cambiar el tema de conversación. Es falta de cortesía y buenos modales. Analízate y averigua si eres o no culpable de esto.

Ser buen oyente requiere disciplina y práctica. Pero créeme, los resultados valen la pena.

**5.- *Cuando hagas preguntas, comentarios, o formes parte de una conversación, usa «tú», y «tuyo» en lugar de «yo» y «mío»***

Una vez más, lo básico en el trato con las personas entra en juego aquí. Ya sea que te unas a una conversación o hagas una pregunta, trata de usar «tú», «tus» «tuyos» lo más que puedas. Usando palabras como estas, sigues manteniendo el enfoque en la persona con quien estás hablando, de este modo la haces sentir importante.

No dejes que la simplicidad de este enfoque te engañe. Es el meollo de ser un buen oyente y el principio básico de un buen vendedor.

*Habilidades básicas para las ventas*

# 1 Minuto de recapitulación

## Cómo escuchar.

**Percepción:**
Entre más escuchas, más aprendes, y de esa manera te conviertes en una persona más inteligente.

**Puntos de acción para ti:**
1.- Mira a los ojos a la persona que está hablando.
2.- Escucha con atención e inclínate ligeramente hacia el hablante.
3.- Haz preguntas inteligentes.
4.- No interrumpas ni cambies el tema de conversación.
5.- Cuando hagas preguntas, comentarios, o te unas a una conversación, haz que el hablante sea el enfoque de tu conversación.

*Habilidades básicas para las ventas*

«Realmente nunca podrás entender a otro ser humano a menos que tengas el deseo de escuchar cuidadosamente, con simpatía y paciencia.»

*Habilidades básicas para las ventas*

# Tercera parte

## CÓMO VENDER

*Habilidades básicas para las ventas*

# Capítulo 1

## Cómo iniciar una venta

En las dos últimas partes de este libro nos hemos enfocado en cómo mejorarte a ti mismo y tus habilidades de venta. La tercera parte ahora no enseña sobre la venta real. La tercera parte habla de las maneras prácticas de cómo hacer una venta, y ofrece soluciones. La regla general para hacer ventas siempre es la misma, incluso si tu producto o servicio no ha sido mencionado en este libro. Este capítulo trata con la primera y más importante práctica de las ventas – cómo COMENZAR una venta.

### 1.- Usualmente los primeros segundos establecen el tono y la atmósfera de la venta completa

Recuerda la ley básica de la interacción humana: la gente responde especialmente al comportamiento de otras personas. Si entiendes el uso de esta ley, puedes hacer que 9 de cada 10 personas respondan de una manera amistosa, positiva y cooperativa. En otras palabras, tú puedes comenzar el proceso de la venta en un tono positivo.

¿Por qué es tan importante establecer un buen comienzo en el proceso ventas? ¿Y cómo puedes comenzar una venta de manera positiva?

En el primer segundo, el instante cuando estableces contacto visual, antes de decir ni una sola palabra, dale a la gente tu sonrisa más sincera. ¿Qué pasará con eso? Ellos te van a sonreír a ti. Y ESTE es el primer paso pequeño para realizar la venta. Ya has vendido tu sonrisa, y a cambio los has hecho sonreír. Esta es la manera más segura, más rápida y más fácil de ganarse a la gente. Sonríe antes de romper el silencio.

«Si le das a la gente rayos de sol, rayos de sol vas a recibir. Si les das una tormenta, una tormenta vas a recibir de regreso.»

**2.- *Si es posible, comienza la relación con tu cliente como consejero, asesor, en lugar de hacerlo como vendedor***

¿Recuerdas la regla de poner al cliente primero? El mejor vendedor pone inmediatamente a su cliente en un pedestal. Cuando haces eso, ya has roto la primera parte de la resistencia que existe en las ventas. Usa la ciencia de la semántica, la ciencia de las palabras a tu favor. Con mucha frecuencia, un pensamiento áspero o alarmante se puede hacer mucho más atractivo si se presenta de manera diferente.

Una de las mejores historias de esta habilidad es una que sucedió con una cliente que salió enojada de una zapatería sin comprar nada. Ella estaba molesta e indignada, y cuando el gerente de la zapatería le preguntó cuál era el problema, ella le contestó lo siguiente: «¡Uno de sus vendedores me dijo que uno de mis pies era más grande que el otro». El gerente eventualmente hizo que ella se calmara – y le vendió dos pares de zapatos.

Cuando el vendedor le preguntó al gerente cómo había hecho eso, el gerente le contestó: «Le dije que uno de sus pies era más pequeño que el otro».

Esa es la importancia de usar palabras adecuadas al hablar con los clientes.

Ves la diferencia y el impacto cuando cambias la manera en que te presentas a ti mismo.

| En lugar de decir... | Trata de decir.. |
|---|---|
| «Nosotros vendemos títulos» | «Somos asesores inversiones» |
| | «Somos expertos en inversiones» |
| «Soy vendedor de seguros» | «Soy asesor experto de seguros» |
| «Soy vendedor» | «Soy representante de mercado» |

Cuando usas estas frases, haces lo siguiente:

1.- Le das tranquilidad a la gente, psicológicamente.

2.- Obtienes más atención y respeto.

3.- Despiertas interés y curiosidad.

4.- Disminuyes resistencia en las ventas.

Comienza a hacer tu venta como si fueras asesor y/o consejero. Tu enfoque debería ser ayudar a tus clientes en lugar venderles algo. Acércate a la gente de manera amable y servicial. Dichas palabras de apertura aumentan la curiosidad de la otra persona - y ése es el PRIMER Y MÁS IMPORTANTE objetivo al comenzar una venta. Aquí tienes algunos ejemplos de palabras de apertura:

Para inversiones: «Te podemos ayudar a conseguir mejores servicios financieros»

Para seguros: «Nosotros te podemos ayudar a obtener la mejor compra por tu dinero».

Para bienes de capital: «Nosotros te podemos ayudar a incrementar tus ganancias, aumentar tu producción, bajar el costo y mejorar la calidad».

Como regla general, cuando abres una conversación de ventas, inmediatamente dile a la persona que la puedes ayudar.

**3-. Antes de comenzar una conversación de ventas, primero conoce las necesidades de tu cliente**

Tú no podrás ayudar a la gente a menos que sepas qué necesitan. Así que antes de vender cualquier cosa, averigua cuál es la necesidad, de esa manera podrás realizar una venta exitosa.

Quizá te preguntes – ¿cómo puedes saber las necesidades de tu cliente, a menos que te las diga?

Es simple. Cuando averigües qué tiene el cliente, automáticamente sabrás qué no tiene. Cuando entiendes lo que tu cliente no necesita, automáticamente entenderás lo que necesita.

Aquí tienes algunas maneras simples para determinar las necesidades de tu clientes:

**a.**- Determinar la posición socio-económica del cliente

**b.**- Hacer un rápido inventario del cliente

**c.**- Observando, ve y escucha al cliente

**d.**- Hacer preguntas interesantes tales como: «¿Dónde ves un problema?» «¿Qué esperas hacer?»

Entender qué necesita tu cliente compensa de varias maneras:

**a.-** Te ganas la confianza del cliente

**b.-** El cliente se da cuenta que estás interesado en él, no solamente en hacer la venta.

**c.-** Ahorras tiempo – tu tiempo y el tiempo de tu cliente.

**d.-** Ganas tiempo en tu trabajo – vas directo al problema y ofreces una solución, en lugar de darle vueltas y vueltas al asunto.

**e.-** Mantienes el interés del cliente – no aburres al cliente mostrándole cosas que no le interesan o no desea. Tú le muestras exactamente lo que necesita.

**f.-** Aprendes cómo adaptar tu propuesta al cerrar la venta.

*Habilidades básicas para las ventas*

# 1 Minuto de recapitulación

## Cómo iniciar una venta.

**Percepción:**
Entiende a tu cliente y sus necesidades, y acércate a él como si fueras asesor._

**Puntos de acción para ti:**
1.- Usualmente los primeros segundos establecen el tono y la atmósfera de la venta, recuerda ser genuino y dar una sonrisa agradable.

2.- Comienza tu relación con el cliente como asesor o consejero, en lugar de hacerlo como vendedor. Debes ayudar a tu cliente.

3.- Tú puedes ayudar al cliente cuando entiendes primeramente lo que él desea y necesita.

*Habilidades básicas para las ventas*

«Las personas te van a decir lo que quieren de ti cuando tú las escuches.»

*Habilidades básicas para las ventas*

# Capítulo 2

## CÓMO HACER PRESENTACIONES DE VENTAS

*Habilidades básicas para las ventas*

Una presentación de venta es parte vital del proceso de ventas. Es el lugar donde se almacena la información de una manera inteligente y atractiva. Una presentación de ventas muestra cómo hacer propuestas a tus clientes.

Independientemente de lo que vendas – producto o servicio, tangible o intangible, a corto plazo a largo plazo – existen ciertos elementos que garantizan una buena presentación de ventas.

**Percepción: Una buena presentación de ventas es aquella que te cuenta una buena historia.**

*1.- Vende primeramente por medio de los ojos de tu cliente*

La gente primeramente compra lo que es atractivo

a la vista. ¿Sabías que más del 70% de nuestro conocimiento proviene de lo que vemos? Aquí tienes un pequeño experimento que puedes hacer por ti mismo. En este momento, piensa en un artículo que tengas en tu bolsillo, o tu bolsa – un lapicero, un peine o una llave, etc. Digamos que es un lapicero. Ahora dile a la persona que está a tu lado: «Yo tengo un lapicero».

Pon el lapicero de vuelta. Trata de hacerlo nuevamente de la forma que lo hace un buen vendedor. Mientras miras a la persona que está a tu lado, saca el lapicero, sostenlo y dile: «Yo tengo un lapicero».

Esa acción de sacar el lapicero y sostenerlo frente a la otra persona para que ésta lo vea, multiplica tu declaración muchas veces. Tú no solamente estás hablando del lapicero, sino también lo estás mostrando – la otra persona puede ver la forma, tamaño, textura, color, etc. Inmediatamente eso hace que suene más creíble.

Este experimento simple demuestra la importancia de «mostrar y explicar». La gente compra por lo que ve y escucha.

Todos los días repítete a ti mismo: **Para poder vender, debo mostrar y explicar.**

Y todos los días pregúntate a ti mismo: **¿Estoy vendiendo a través de los ojos de mi cliente?**

### 2.- Vende beneficios, no productos o servicios

La gente compra para beneficiarse. El presidente de Kodak dijo una vez: «Nosotros no vendemos equipo fotográfico, nosotros vendemos fotos». Esa declaración posee una gran cantidad de información. Kodak vende el producto final a sus clientes, en lugar de vender simplemente el producto – y ha ganado millones de dólares. Así de simple como suena esta regla, mucho vendedores no hacen uso de ella. Ellos venden un producto o un servicio, en lugar de vender lo que el producto o servicio hará por su cliente. Tu cliente siempre va a reaccionar más rápido si lo haces entender cómo tu producto o servicio le va a beneficiar.

En lugar de vender inversiones, vende beneficios tales como: seguridad, ingresos, objetivos personales. En lugar de vender seguros, vende beneficios tales como: protección, tranquilidad de espíritu, bienestar familiar. En lugar de vender bienes raíces, vende beneficios como: casas, comodidad, espacio, inversión. En lugar de vender mercadería, vende ganancias, volumen de ventas, prestigio, menos inventario, menos problemas. En lugar de vender equipo, vende ganancias, un costo menor, alta calidad, más producción. En lugar de vender automóviles, vende trasporte, comodidad, prestigio, bajo costo. Para resumir este punto, la gente no compra productos y servicios, ellos compran lo que éstos harán o traerán. Esto explica porqué los grandes vendedores venden beneficios.

### 3.- Haz que tu cliente actúe, física y mentalmente

Involucra a tu cliente. Pon el producto en sus manos – déjalos que lo toquen, lo sientan, lo huelan, lo sostengan. Pon las cantidades, los contratos, la gráficas, imágenes y folletos en sus manos. Recuerda que ellos están comprando y tú estás vendiendo. Es tu trabajo hacer que ellos se muevan y se involucren físicamente porque eso los emociona.

Haz que se involucren mentalmente. Hazles preguntas, pregúntales su opinión, haz que ellos «jueguen» contigo. Otra buena práctica para hacer ventas es darles posesión mental de los beneficios, esto se hace pintando una imagen verbal para ellos usando tu material de ventas. La imagen verbal va a hacer que tu cliente casi sienta los beneficios y recompensas que va a obtener. Hacer que tu cliente actúe es muy buena estrategia de venta.

**4.- Para convencer a la gente, usa testimonios de terceras personas**

Siempre que la gente escucha algo por medio de un amigo, o lee algo en el periódico, ellos están mucho más abiertos y receptivos a esto. Así que cuando estés vendiendo algo, usa el poder de los testimonios de terceras personas para ayudarte a convencer al cliente. Háblales de las historias de éxito que otros clientes han tenido, y usa eso para convencer a tu cliente. Por ejemplo, «La señora Gupta perdió a su esposo recientemente. El dinero del seguro la está ayudando a salir adelante hoy en día.» «Nuestra compañía ha vendido 8,000 piezas por semana desde el lanzamiento.» «Nosotros hacemos negocios con toda la comunidad comerciante, por eso entendemos lo que tú necesitas.»

Para ser más convincente, usa recomendaciones de terceras personas y testimonios a favor de tu producto o servicio.

### 5.- *Para vender, vende cada producto por sus propios méritos*

Todos queremos hacer la venta más grande – todos queremos vender la póliza de mayor valor, o contrato más grande, o producto más caro. Asegúrate de hacerlo de inmediato.

No vendas un producto ignorando sus características más pequeñas. Recuerda siempre esta oración. Mantén todos los elementos con vida todo el tiempo. En otras palabras, vende cada una de las ideas, planes, o productos, por méritos propios. No vendas poniendo en contra los otros planes o productos. La mejor manera de conseguir grandes ventas es usar el método de las características. Esto quiere decir que al vender los productos más caros, o de más alta calidad hay que mostrar todas las características de todos y luego vender esas características.

Naturalmente, entre mejor y más alto sea el precio

tendrá más características. Tienes producto 1, producto 2 y producto 3 a diferentes precios. Para vender sabiamente, simplemente muéstrale eso a tu cliente. Producto 1 tiene características A y B. Producto 2 tiene características A, B y C. Producto 3 tiene características A, B, C y D. La belleza de este método es que deja la opción abierta para vender tres artículos. Esta es probablemente la regla de las ventas que más se descuida. Con frecuencia los vendedores comenten el error de poner sus productos en contra, y no se dan cuenta de lo que están haciendo.

### 6.- Asegúrate de que tus clientes te entiendan

Un buen vendedor se asegura que sus clientes entiendan su versión y su propuesta. Se pierden muchas ventas porque los clientes no entienden lo que está involucrado; y se anulan muchas ventas porque el cliente no entiende algo, o no entiende por completo. No confundas al cliente hablando demasiado rápido, o hablando de varias cosas a la vez. Explica cada cosa punto por punto, termina, y continúa. De vez en cuando, verifica haciendo preguntas. Pregúntale a tu cliente si entiende. Esto tiene la recompensa adicional de saber cómo se siente tu cliente y así saber qué hacer. Esto te llevará a otra valiosa regla cuando estás haciendo tu presentación de ventas.

## 7.- *Observa y escucha a tus clientes*

Una de las mejores prácticas de ventas, es el hábito de mantener tus ojos y tus oídos atentos a tus clientes. No te ocupes tanto, ni te involucres tanto en otras cosas como para no darte cuenta de la reacción de tus clientes. Después de todo, es su reacción lo que a ti te interesa. Así que entrénate a ti mismo a estar atento y observar mientras haces tu presentación de venta.

# 1 Minuto de recapitulación

## Cómo hacer una presentación de ventas.

**Percepción:**

Una buena presentación es aquella que cuenta una gran historia.

**Puntos de acción para ti:**

1.- Primeramente, vende por medio de los ojos de tu cliente.

2.- Vende beneficios, no productos ni servicios.

3.- Haz que tus clientes actúen, física y mentalmente.

4.- Para convencer a la gente, usa testimonios de terceras personas.

5.- Vende cada producto por sus propios méritos.

6.- Asegúrate que tu cliente entienda tu versión.

7.- Observa y escucha a tus clientes.

*Habilidades básicas para las ventas*

**«Si los escuchas, la gente te dirá lo que quiere de ti.»**

*Habilidades básicas para las ventas*

# Capítulo 3:

## CÓMO SUPERAR OBJECIONES

*Habilidades básicas para las ventas*

Esto trata de un aspecto del campo de ventas que pone en problemas a mucha gente. Por supuesto, la manera ideal de lidiar con algo como esto es asegurarse que no hayan objeciones del todo. Pero eso no siempre es posible, ni es recomendable. Siempre y cuando estés involucrado en ventas, tienes que esperar objeciones, pero esas reacciones son instintos naturales del cliente.

La mayoría de los vendedores tienen pavor de escuchar una objeción: **la objeción te dice qué hay en la mente de tu cliente. Y al escuchar y lidiar con la objeción de buena manera, realmente aprendes mucho acerca de tu cliente y perfeccionas tus habilidades en las ventas.**

Siempre que enfrentes una objeción, lo primero que tienes que determinar es, qué clase de objeción estás enfrentando.

1.- Una objeción podría ser el propio esfuerzo del cliente para justificar su decisión de compra. En este caso, tú simplemente tienes que darle más información a tu cliente.

2.- Una objeción podría estar basada en la verdadera falta de información o confusión en la mente del cliente. En este caso, es una objeción real y válida, y es fácil contestar.

3.- Una objeción podría ser una excusa simple, o una forma de evadirte del cliente.

Una regla general para lidiar con objeciones es la siguiente: Usa habilidad y delicadeza, no fuerza. No flaquees, no te emociones ni te ponga nervioso. No discutas ni contradigas. Sé paciente y respetuoso, y da respuestas cortas que van al grano. Las arriba mencionadas con reglas de sentido común, y fácil de recordar.

Una vez que hayas determinado qué objeción estás enfrentando, aquí tienes cuatro técnicas diferentes para lidiar con ellas.

**1.- La técnica del macho cabrío**

Este es el vendedor que tiene fricción con el cliente; es un choque directo.

Un vendedor que está haciendo uso de esta técnica, usará oraciones tales como:

«Tú estás equivocado.»

«Eso no es verdad. Tú estás equivocado.»

«Alguien te ha engañado.»

Te sorprenderás, pero en realidad esta es una técnica que se usa para lidiar con objeciones.

**Clasificación**: Nunca uses esta técnica.

**Razón**: al usar esta técnica, tú estás peleando con tu cliente en lugar de ayudarlo. Al adoptar un tono tan agresivo, vas a ofender el ego de tu cliente, incluso si lo que dices es cierto. Lo más probable es que pierdas la venta.

## 2.- La técnica «Sí, pero...»

En esta técnica, primeramente te pones de acuerdo

con el cliente, luego, gentilmente le explicas tu desacuerdo. Al inicio, cuando estás de acuerdo con alguien, estás esencialmente afirmando su creencia y eso hace que la persona se sienta feliz. Esto también quita «la picadura» del desacuerdo más adelante.

Un vendedor que hace uso de esta técnica debe usar oraciones como estas:

«Tú tienes razón en eso, yo estoy de acuerdo, pero escucha esto…»

«Sí, tienes razón, eso era verdad. Pero, ahora las cosas son diferentes. Déjame explicar…»

«Entendemos como te sientes, pero…»

**Clasificación**: Buena técnica.

**Razón**: esta técnica usa el arte de estar de acuerdo; es una manera diplomática y segura de guardar las apariencias.

### 3.- La técnica «porqué»

Esta técnica se enfoca en entender la raíz del porqué la objeción del cliente.

Un vendedor que emplea esta técnica debe usar oraciones tales como:

Cliente: «No creo que esto funcione para nosotros.»

Vendedor: «Yo entiendo. Pero, ¿me puede explicar porqué piensa de esa manera?»

Cliente: «Lo siento, pero no nos gustó la última.»

Vendedor: «¿Me puede decir qué estaba mal?» ¿Por qué no le gustó?»

Cliente: «Al jefe no le gustó.»

Vendedor: «¿Por qué no le gustó? ¿Qué dijo él que estaba mal?»

**Clasificación:** Es una técnica excelente.

**Razón:** Tú sacas exactamente lo que está en la mente del cliente, y de esa manera puedes llegar al fondo de una objeción específica con la que puedes tratar más adelante.

**4.- La técnica de «revertir la opción»**

Esta técnica convierte la objeción en una razón para estar de acuerdo, y luego hace una pregunta sobre la misma.

Un vendedor que usa esta técnica puede usar oraciones tales como:

Cliente: «No puedo pagar la prima.»

Vendedor: «Si no puede pagar la prima, ciertamente no puedes arriesgarte a tener pérdidas». ¿Significa esto que no puedes pagar la cobertura?»

Cliente: «El negocio no va bien, y no vamos a gastar.»

Vendedor: «Cierto, el negocio no va bien por ahora. ¿A caso no es el tiempo de gastar para mejorarlo?»

**Clasificación**: Esta técnica es excelente.

**Razón**: Tú usas la objeción del cliente a tu favor.

Ahora echemos un vistazo a los tipos de objeciones más comunes.

«Tengo que hablar de esto con otros antes de tomar una decisión.»

Trata de averiguar con quién tiene que hablar el cliente. Si es posible, trata de presentar el producto a las otras personas también, porque nadie puede hacer la presentación tan bien como tú. Si eso es posible asegúrate que tu cliente lo haya entendido todo. Luego establece un calendario para lo que sigue más adelante.

«Nosotros estamos satisfechos con nuestro proveedor actual.»

Prueba y señala la sabiduría de tener más proveedores. Indica que ellos estarán más satisfechos con el producto o servicio. Señala que la lealtad es buena, pero no a costa del crecimiento. Pregunta si puedes hacer una prueba o comparación. Que sea una cuestión de mentalidad abierta.

«Primero voy a echar un vistazo.»

Esto suena como que el cliente te está poniendo trabas, pero lo más probable es que el cliente no está completamente convencido. Repite de nuevo tu idea principal, y luego pregúntale al cliente, «¿Qué es lo que anda buscando que no está en mi propuesta?.»

«Visítame otro día, ahora no.»

Esto suena como una buena oportunidad para usar «la técnica del porqué.» Trata de entender la razón exacta y después señala la desventaja de esperar, los beneficios perdidos, y la improbabilidad de encontrar una mejor oferta. Expone los beneficios de la acción inmediata.

# 1 Minuto de recapitulación

## Cómo vencer las objeciones.

**Percepción:**
Las objeciones te ayudan a entender lo qué hay en la mente de tu cliente.

**Puntos de acción para ti:**
1.- Usa amabilidad y delicadeza, no fuerza.
2.- No flaquees, no te emociones, ni te pongas nervioso.
3.- No discutas ni contradigas a tu cliente.
4.- Sé paciente y respetuoso.
5.- Da respuestas cortas y al punto.

**Analiza las objeciones:**
1.- El esfuerzo del cliente justifica su decisión.

2.- Objeción basada en la falta de información o malentendido.

3.- Retener y ocultar la verdadera razón.

**Tres técnicas buenas para lidiar con objeciones:**

1.- La técnica "Sí, pero…"

2.- La técnica "porqué".

3.- La técnica de "Revertir la opción".

**«Si quieres que tus ideas sean escuchadas, primero escucha y aprende de los demás compañeros.»**

*Habilidades básicas para las ventas*

# Capítulo 4

## CÓMO CERRAR UNA VENTA

*Habilidades básicas para las ventas*

Este es el tema favorito de todos. Si tuvieras que hacer una encuesta y preguntar cuál es el momento favorito de cada vendedor, sería el momento en que cierran una venta. Esto se entiende, porque cada venta, no importa que tan bien se ejecute, no llega a nada si no se cierra la venta.

Cuando se trata de cerrar una venta, las habilidades y el conocimiento son más efectivos que presionar al cliente. En realidad muchos vendedores tienen la tendencia de presionar a sus clientes, aunque a veces no saben que lo están haciendo.

Aquí hay algunas buenas técnicas de cierre de ventas.

**1.- Mientras ellos están tratando de decidir, dale a tu cliente una razón para comprar**

Al final, cuando quieres que tus clientes compren, dales razones para hacerlo. Estas razones serán los beneficios que recibirán si ellos hacen la compra, así que menciónales de manera breve los beneficios. Las buenas noticias siempre son bienvenidas, y siempre es bueno oír beneficios y ventajas. Trata de dar esta clase de información en un momento crítico cuando tu cliente está debatiendo y decidiendo, así puedes empujar su decisión a tu favor. Es una buena estrategia mencionar las ventajas de comprar tu producto o servicio en el momento en que tu cliente está tratando de decidir.

**2.- Siempre trata de que tu cliente escoja entre dos opciones**

Esta es una de las maneras más antiguas y seguras de cerrar una venta. Nunca dejes a tu cliente solamente con una opción. No dejes que tu venta dependa solamente en un producto o un solo plan. No des a tu cliente la opción de escoger entre algo y nada. En lugar de eso, arréglatelas para que tu cliente escoja entre 2 ó 3 productos o planes. De cualquier manera tu cliente tiene que escoger, y tú vas a hacer la venta. De esta manera, el vendedor está duplicando su oportunidad de hacer una venta. Así que, siempre trata de que tu cliente escoja entre dos opciones.

### 3.- Trata de conseguir que tu cliente se interese y tenga un mentalidad de «sí» haciendo preguntas «sí»

Haz preguntas que solamente puedan ser contestadas con «sí». Esta técnica es más que simplemente hacer preguntas. Asienta la cabeza ligeramente cuando hagas preguntas y comienza la pregunta con la palabra «sí». Por ejemplo, «Quieres que tu familias sea feliz, ¿sí verdad?» «Deseas sacar el mejor provecho de tu dinero, ¿no es así?»

Por supuesto que el cliente quiere eso. Esta es una buena técnica para cerrar una venta porque preparas a tu cliente para que esté en un estado mental afirmativo. Y en un estado mental afirmativo hay más probabilidades que lo conduzcan a un resultado positivo.

### 4.- Haz preguntas secundarias

Las preguntas secundarias son aquellas que van más allá de la simple pregunta, «¿va a comprar?» Las preguntas secundarias presumen que el cliente va a comprar y está a punto de hacerlo. Por ejemplo, «¿A nombre de quién sale el contrato?» ¿«Cómo va a pagar por esto?» «¿Cómo quiere que arreglemos el proceso del financiamiento?»

Estas preguntas hacen que parezca como si el cliente ya hubiera tomado una decisión y está listo para comprar. Quedarás sorprendido de cuánto poder agregan a tu cierre. Por cada vez que una pregunta secundaria no funcione, habrán muchas, muchas más que sí van a funcionar. Comienza a identificar tus preguntas secundarias favoritas hoy.

### 5.- Observa y escucha las señales de compra.

Toda nuestra vida escuchamos hablar de la importancia del tiempo – tiempo para bromear, tiempo para anotar gol, tiempo para lanzar la pelota de golf, etc. El tiempo es particularmente necesario en las ventas. El tiempo de cierre quiere decir que has hecho un buen negocio. Para estar seguro de que juzgas con precisión dicho tiempo, adquiere el habito de observar y escuchar las señales de venta. Pon atención a comentarios tales como: «¿Cuánto tengo que esperar?» «¿Cuáles son los términos?» «¿Cuándo hay que hacer el primer pago?» «¿Qué me puede decir de la garantía?» Observa si el cliente asienta con la cabeza, si se inclina hacia delante, observa alguna indicación de emoción, si apartan algún artículo, si toma algún manual de recomendaciones. También observa las reacciones de los clientes y comportamiento inusual. Cuando escuches dichas señales de venta, concluye y comienza a escribir.

### 6.- Pide la orden.

Esto es un cierre muy simple, muy eficaz y poderoso que funciona la mayoría de las veces. Cuando tienes problemas tratando de concluir una venta, haz lo siguiente: dale a tu cliente un lapicero y el contrato, y pídele que firme donde está la X. No dudes, no sonrías, mantente serio y paciente. Quizás incluso haya algún silencio por varios minutos, pero no flaquees. Esta es una solución difícil pero simple que funciona casi todo el tiempo, pero tú tienes que probarla para darte cuenta lo efectiva que es.

*Habilidades básicas para las ventas*

# 1 Minuto de recapitulación

## Cómo hacer una presentación de ventas.

**Percepción:**

No presiones ni trates de obligar al cliente a que compre.

**Puntos de acción para ti:**

1.- Reitera las razones para comprar, y los beneficios y ventajas cuando ellos están tratando de decidir.

2.- Siempre trata de que tu cliente escoja entre dos opciones.

3.- Trata de conseguir que tu cliente se interese y tenga una mentalidad de «sí» haciendo preguntas «sí».

151

4.- Haz preguntas secundarias.

5.- Observa y escucha las señales de venta.

6.- Pide la orden.

**«Al cierre, cuando quieres que tu cliente compre, dale razones para hacerlo.»**

# Cuarta parte

## CÓMO PONER EN PRÁCTICA ESTE LIBRO

*Habilidades básicas para las ventas*

# Cómo usas el conocimiento de este libro

*Habilidades básicas para las ventas*

Bienvenido a la parte más importante de este libro. Este es el gran final, donde vas a comenzar a poner en práctica todo el conocimiento que has aprendido de este libro.

Al inicio de este libro, había un propósito simple – incrementar tus habilidades en las ventas.

La inversión es grande, y solamente tus acciones van a determinar tu éxito. Una pequeña mejora en tus habilidades en la venta aumentará tus ganancias anuales enormemente. Multiplica esto por la cantidad de años productivos que tienes por delante, y te vas a dar cuenta que con un pequeño esfuerzo ahora va a cosechar cien veces más en los próximos años.

¿Cuál es una simple ecuación para el éxito?

Éxito = Conocimiento + Acción

El conocimiento por sí solo no tiene valor. Es la aplicación del conocimiento lo que lo hace valioso.

Las técnicas de venta que has aprendido en este libro no te ayudarán a menos que las uses y las pongas en práctica. Tú debes de hacer de ellas un hábito.

Benjamín Franklin, uno de los Padres Fundadores de los Estados Unidos, tiene un ejemplo importante para nosotros. En su autobiografía escribe cómo él trató por mucho años de mejorarse a sí mismo y de deshacerse de algunos hábitos. Él trató por muchos años sin tener éxito. Pero un día, él escribió una lista de lo que él consideraba sus deficiencias – cosas como mal carácter, paciencia, falta de consideración hacia otros, etc. Él hizo una lista amplia y luego escogió lo que él consideraba que era su problema número 1. En lugar proponerse a mejorar él mismo, Franklin hizo un esfuerzo para mejorar su punto débil número uno. Él tomó todas sus deficiencias, una por una, y trabajó en ellas una por una.

**Repitamos esa oración: Él tomó todas sus deficiencias, una por una, y trabajó en ellas una por una.**

En un año, Benjamín Franklin había vencido muchos de los hábitos que lo estaban deteniendo.

Ahora es tiempo de ser honesto contigo mismo. Tienes algunos hábitos de venta antiguos e ineficaces que están funcionando en tu contra. Hay algunos hábitos que son como una carga pesada te están frenando o deteniendo.

Al deshacerte de estos hábitos te vas a liberar y vas a poder moverte hacia el éxito y el progreso.

La siguiente parte de este libro es crucial para tus habilidades en las venta y para tu vida. Tus acciones de hoy en adelante van a determinar si te sacas o no el premio mayor.

Piensa en tu conocimiento y experiencia, y haz que tu objetivo sea perfeccionar tus habilidades de venta, siguiendo esta guía simple de diez semanas.

**Semana 1**

El tema que tienes que practicar en esta primera semana es: Cómo Venderte a ti Mismo.

Las técnicas específicas con las que tienes que trabajar son:

- Entender a la gente

- Hablar con la gente

Evalúate y analízate en esta área, de una manera imparcial y calmada. Toma un papel y un lapicero y escribe 5 habilidades que quieres aprender. Haz de estas habilidades tu prioridad.

Por ejemplo:

Usar menos las palabras «yo», «mío», «mí».

Incrementar el uso de «tú», «tuyo».

Hablar menos de ti mismo y de tus intereses.

Hablar más con tus clientes, de su persona y de sus intereses.

Aumenta el hábito de pedir a tus clientes sus opiniones.

Haz una lista de lo que vas a hacer y cómo lo vas a hacer.

Es importante que hagas una lista – y luego, escribe la fecha de la siguiente semana. Esto significa que por una semana, te vas a concentrar en esta idea, en estos puntos.

Una semana después, consulta esta lista y haz un reporte de tu progreso para ti mismo. Revisa cómo has mejorado, basándote en los puntos que escribiste. Califica tu progreso como: satisfactorio, insatisfactorio, no mostró mejoría, etc.

Ahí lo tienes. Tú te vas a dar cuenta que con solamente una semana de determinación y esfuerzo consciente habrás mejorado en esta área, así como lo hizo Benjamín Franklin.

**Semana 2**

Nuevamente esta semana trabajarás en el mismo proyecto de cómo venderte a ti mismo.

Pero la técnica para dominar esta semana es:

- ***Hacer que la gente se sienta importante***

Una vez más, lee detalladamente todo el capítulo, y haz una lista de las habilidades que quieres practicar y perfeccionar.

Haz una lista y escribe la fecha de la siguiente semana.

Para la segunda semana te vas a concentrar en esta área y estos puntos.

Una semana después, vuelve nuevamente a este capítulo y escribe cuanto has progresado. Verifica lo que has mejorado, basándote en los puntos que has escrito. Califica tu progreso como satisfactorio, insatisfactorio, no ha mostrado mejoría, etc.

**Semana 3**

Nuevamente esta semana trabajarás en el mismo tema para mejorarte a ti mismo.

La técnica a dominar esta semana es:

- ***El arte de estar de acuerdo***

Sigue el mismo procedimiento que se menciona arriba en lo que se refiere a hacer una lista y evaluar lo que has mejorado en el plazo de una semana.

**Semana 4 y 5**

Estas dos semanas tienes que trabajar en cómo conducirte a ti mismo. Usa el mismo método que se muestra arriba. Por favor consulta los Puntos de Acción en este capítulo, y haz una lista para ti mismo. Todo sigue igual, excepto que necesitarás dos semanas para practicar la habilidad y para refinarla.

**Semana 6**

Estás sujeto a trabajar en: Cómo Escuchar.

**Semana 7**

Tienes que trabajar en: Cómo Empezar una Venta.

**Semana 8**

Tienes que trabajar en: Cómo Hacer una Presentación de Ventas.

**Semana 9**

Tienes que trabajar en: Cómo Vencer Objeciones.

**Semana 10**

Tienes que trabajar en: Cómo Cerrar una Venta.

Después que termines este ejercicio de diez semanas, quizás vas a querer guardar tu lista. Por lo menos cada dos semanas, ve nuevamente la lista y examínate para ver si las habilidades que escribiste se han convertido en algo secundario para ti.

Ahora estás listo para poner todo este conocimiento en acción. Y recuerda, solamente la honestidad de tus acciones van a definir la medida de tu éxito, para ti y para tu familia. Planea tener éxito y sigue refinando tus habilidades, y pronto, va a ser una estrella en las ventas.

*Notas*

*Notas*

*Notas*

*Notas*

*Notas*

## Notas

*Notas*

# Notas

?